EL PROGRAMA DE LAS NACIONES UNIDAS PARA EL DESARROLLO

Una red mundial de desarrollo al servicio del progreso humano

Por Ariane de Saeger

Traducido por Laura Bernal Martín

Economía y empresa — en50MINUTOS.es

LAS CLAVES PARA EL ÉXITO

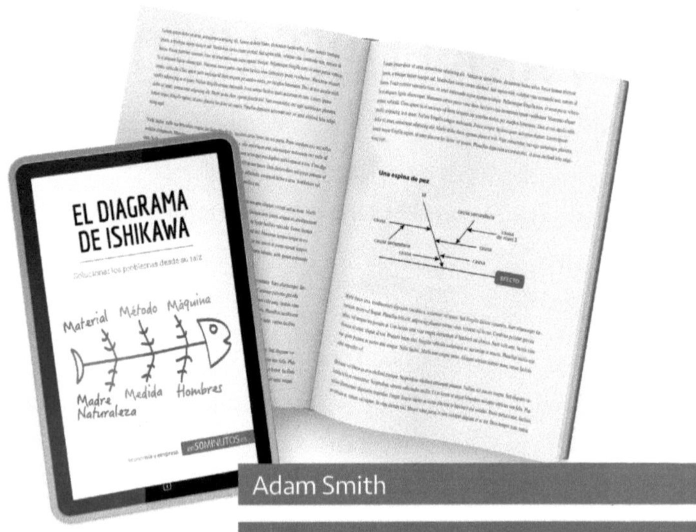

Adam Smith

El principio de Pareto

El estrés laboral

La pirámide de Maslow

EL PNUD

- **¿Creación?** El Programa de las Naciones Unidas para el Desarrollo fue creado en noviembre de 1965 por la Asamblea General de las Naciones Unidas. Nace de la fusión del Programa Ampliado de Asistencia Técnica de las Naciones Unidas (PEAT, por sus siglas en inglés, lanzado en 1949) y del Fondo Especial de las Naciones Unidas (creado en 1958).
- **¿Principales acciones?** El PNUD actúa sobre cinco ámbitos capitales que comparten un objetivo común, que es el del desarrollo y el bienestar humano en un sentido amplio:
  - la reducción de la pobreza y de las desigualdades raciales;
  - la gobernanza democrática;
  - la prevención de las crisis y el apoyo después de una catástrofe;
  - el medioambiente y el sector energético;
  - la prevención y la erradicación de enfermedades (sida, ébola, etc.).
- **¿Palabras clave?**
  - <u>Desarrollo</u>: en un sentido estrictamente económico, se trata de una mejora cualitativa y sostenible de una economía y de su funcionamiento. Actualmente, el término «desarrollo» se contempla en un sentido más amplio, que cubre los aspectos humano, social, político, medioambiental, etc.
  - <u>Desarrollo sostenible</u>: modo de desarrollo en el que las necesidades de las generaciones presentes y las

de las futuras se ven plenamente satisfechas. Los tres componentes interdependientes del desarrollo sostenible son las dimensiones medioambiental, social y económica.

- Pobreza extrema: personas que viven con menos de 1,25 dólares al día.
- Gobernanza: manera de gestionar, de administrar. En este contexto concreto, hablaremos específicamente de la gobernanza democrática. Esta noción va más allá del marco tradicional de la acción pública y engloba nuevas formas de responsabilidad ciudadana. El Estado sigue siendo el actor central, pero no de manera exclusiva.
- Umbral de la pobreza: valor límite por debajo del cual una persona es considerada pobre y «vulnerable».

A pesar de los positivos resultados de las misiones llevadas a cabo por el PNUD, cuyo objetivo es erradicar la pobreza, reducir las desigualdades y devolverle la dignidad a las personas en situación de aislamiento, actualmente más de 1,2 mil millones de individuos siguen viviendo en un contexto de pobreza extrema. Sin embargo, aunque esta situación plantea interrogantes y es deseable que los resultados obtenidos se analicen desde una perspectiva crítica, las aportaciones del PNUD son importantes. Por ejemplo, en 2013 el organismo contribuyó a:

- crear medios de subsistencia sostenibles (6,5 millones de empleos);
- ampliar el acceso a la protección social (15 millones de personas) y a la justicia (117 países);

- establecer y garantizar el correcto desarrollo de las elecciones (42 millones de nuevos electores);
- instaurar un equilibrio en el uso de los recursos naturales.

Estos diversos aportes tienden a ir en la línea de los cinco ámbitos de acción fijados inicialmente por el PNUD.

Apoyándose en una experiencia adquirida a lo largo de casi cincuenta años de actividad en materia de desarrollo, la solidez del PNUD descansa esencialmente en su voluntad de establecer alianzas de calidad donde quiera que trabaje a través de sus colaboraciones Norte-Sur. Además, estimula con fuerza el desarrollo de las relaciones de sus socios entre ellos (Sur-Sur) y preconiza la solidaridad y el intercambio de experiencias.

LA ESTRUCTURA DE LA ONU

La Organización de las Naciones Unidas (ONU) es un organismo internacional fundado en 1945 que reagrupa a casi todos los países del mundo. Trabaja por la paz mundial, y sus objetivos son ayudar y reforzar la cooperación a nivel de derecho internacional, seguridad internacional, progreso social, desarrollo económico y derechos humanos.

Estructurada en varios suborganismos, la ONU comprende instituciones de renombre, como el Consejo Económico y Social —del que forman parte el Banco Mundial (BM) y el Fondo Monetario Internacional (FMI)—, la Corte Internacional de Justicia o el Consejo de Seguridad.

Los órganos principales de la ONU

CONTEXTO

El PNUD nace en un contexto de la Guerra Fría, que enfrenta a Estados Unidos contra la URSS entre 1945 y 1990, en el mismo momento en el que surgen los términos «países subdesarrollados» y «subdesarrollo».

¿SABÍAS QUE...?

- El índice de pobreza multidimensional (IPM) es un índice estadístico que permite evaluar el nivel de pobreza de manera más precisa que teniendo en cuenta únicamente el umbral de la pobreza, ya que este último solo ofrece una visión limitada de la situación. El enfoque multidimensional, propuesto por Sabina Alkire y Maria Emma Santos, de la Universidad de Oxford (Iniciativa de Pobreza y Desarrollo Humano, departamento de Desarrollo Internacional), es efectivamente más completo, ya que se basa en diez indicadores. Estos tienen en cuenta la mortalidad infantil, la nutrición, los años de escolaridad, el abandono escolar, la electricidad, el agua potable, las condiciones sanitarias, el estado de la tierra y del entorno, el combustible utilizado para cocinar y los bienes muebles.
- Barreras arancelarias y no arancelarias: se trata de dos derechos de aduana aplicados a los productos cuando entran en un mercado nacional distinto a aquel del que proceden. Hablamos de barrera arancelaria cuando un arancel obstaculiza los

intercambios comerciales (ejemplo: 25 % de derechos arancelarios sobre el valor de un producto
cuando este pasa la frontera nacional). Las barreras no arancelarias se refieren a todas las demás
restricciones de entrada de productos. Entre las
más conocidas se encuentran la cuota (cantidad
fijada) o las normas que hay que respetar (de
producción, de higiene, de embalaje, etc.).
- <u>Transición demográfica</u>: hablamos de transición
  demográfica cuando un país o una región pasa
  de una situación demográfica caracterizada por
  elevados índices de natalidad y de mortalidad a
  otra con índices bajos. Esta transición se realiza a
  través de un crecimiento elevado de la población.
  La demografía de un país no es en sí misma un
  obstáculo para el desarrollo, pero influye en este.

LA EVOLUCIÓN DE LA NOCIÓN DE DESARROLLO

En 1949, el presidente estadounidense Harry S. Truman
(1884-1972) introduce por primera vez la noción de país
subdesarrollado (*underdeveloped*). Esta le permite justificar
la ayuda que tienen que aportar los países más ricos a los
países pobres para evitar el crecimiento del comunismo. En
esta época, la reflexión no se refiere tanto a la noción de
desarrollo como a la tendencia de ciertos Estados a una política comunista. Por tanto, el debate sobre la denominación
de los países pobres nace en el contexto político-económico
de la Guerra Fría.

Algunos años más tarde, en 1952, Alfred Sauvy (economista y demógrafo francés, 1898-1990), utiliza la denominación de tercer mundo —en referencia al tercer estado en el Antiguo Régimen en Francia— para designar a los países subdesarrollados. Quiere así recordar cómo el tercer mundo se mantiene al margen de los dos bloques en conflicto. En este mismo período, los países más pobres deciden unirse para defender mejor sus intereses en el escenario mundial. Entonces aparece, en 1955 y al lado de los bloques estadounidense y ruso, la noción de países no aliados que aspiran a una nueva organización de los intercambios comerciales a escala internacional (Nuevo Orden Económico Internacional o NOEI, conferencia de Argel, 1974).

En los años setenta se acentúan los enfrentamientos Norte-Sur. También evoluciona la definición de este tercer bloque hasta significar «país en vías de desarrollo» (PVD). Finalmente, en 1980 se impone la apelación con la que hoy en día nos seguimos refiriendo a estos países: países en desarrollo (PED). Esta nueva denominación, atribuida según el desarrollo o el retraso económico e industrial de los países en cuestión, tiende a deshacer la visión pesimista y poco alentadora de los países subdesarrollados. Finalmente, la noción de PED está claramente asociada a los países del Sur, en oposición a los países desarrollados, llamados del Norte. En 1990 se constata que más de la mitad de la población de los países del Sur vive con menos de 1,25 dólares al día.

LAS CARACTERÍSTICAS DE LOS PAÍSES EN DESARROLLO

- **Débil industrialización después de la colonización.** La mayoría de los PED son países que antiguamente fueron colonizados, y habitualmente relacionamos su debilidad económica con su pasado colonial. Los colonizadores orientaban su producción según sus necesidades y no en vista de desarrollar el o los países colonizados. Una de sus consecuencias directas fue la destrucción de las economías locales, impidiendo además que se produjera el proceso de revolución industrial. No obstante, el subdesarrollo no es únicamente resultado de la colonización. Efectivamente, algunos PED nunca han sido colonizados (por ejemplo, Etiopía), mientras que, al contrario, otros países hoy en día desarrollados e industrializados sí lo fueron (como es el caso de Canadá). Por lo tanto, hay que tener cuidado al hablar del factor colonial; el subdesarrollo debe evaluarse a partir de la situación inicial del país antes de la colonización.
- **Fuerte crecimiento demográfico.** Los PED siempre están en transición demográfica.
- **Débil inserción en el comercio internacional.** Los PED ocupan un lugar marginal en el seno del comercio internacional. En 1948 y en 2005, por ejemplo, a pesar de representar el 80 % de la población mundial, sus exportaciones se limitaban a un 37 % del mercado internacional. Son varios los factores que justifican esta situación: precios internacionales demasiado competitivos, elección de una especialización en productos primarios poco apreciados en el escenario global o barreras al comercio inter-

nacional establecidas por los países del Norte (cuotas, impuestos, normas, etc.). Desde los años setenta, los PED transforman progresivamente su economía, pasando de una especialización en productos primarios a la creación de productos manufacturados (75 % de su economía). En 2013, los países en desarrollo representaban el 43 % del comercio mundial de mercancías y el 34 % del ámbito de los servicios. Pero atención: el lugar que ocupan los PED en la escena internacional no es homogéneo, y resulta más beneficioso para algunos, mientras que otros siguen teniendo un importante retraso. Efectivamente, los países menos avanzados (PMA, es decir, países en los que la producción sigue siendo principalmente agraria), por ejemplo, no sacan provecho de esta globalización del comercio debido a su débil producción industrial, manufacturada o especializada.

LAS TEORÍAS ECONÓMICAS DEL «SUBDESARROLLO»

El argumento del retraso leve

Según los trabajos del economista Walt W. Rostow (1916-2003), un país debe atravesar varias etapas de crecimiento para poder desarrollarse:

* sociedad tradicional;
* condiciones previas al desarrollo;
* despegue o desarrollo propiamente dicho;
* camino hacia la madurez;
* período de consumo de masas.

El desarrollo se percibe en este caso como cíclico. Además, siguiendo la lógica del autor, los PED se sitúan entre un proceso hacia la madurez y el consumo de masas, mientras que los países industrializados se encuentran en la etapa de consumo de masas.

Esta teoría, muy criticada en su época debido a su enfoque basado en el proceso de desarrollo de los países occidentales, es también considerada por varios economistas como «reductora», ya que no tiene en cuenta el contexto específico de cada PED.

El argumento de la débil especialización comercial internacional

Modelo de Ricardo

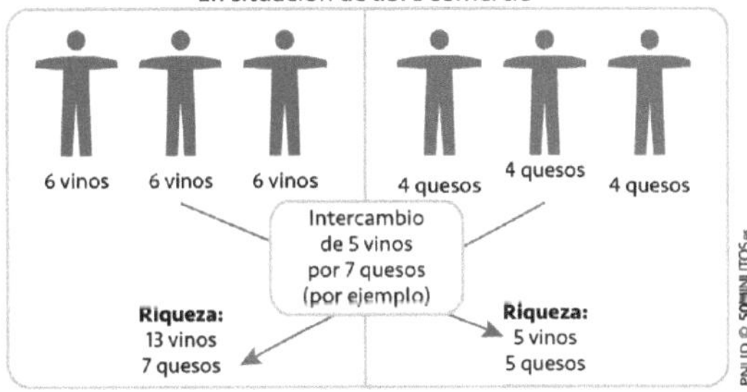

La visión de las políticas liberales sobre las proteccionistas de los PED es relativamente severa. La teoría liberal que descansa en el modelo de David Ricardo (economista británico, 1722-1823) estima que el subdesarrollo está causado por una inserción demasiado débil en el comercio internacional y que el desarrollo pasa por la especialización de las exportaciones.

Los cuatro criterios del subdesarrollo

Según los trabajos de Sylvie Brunel (geógrafa y economista francesa, nacida en 1960), el subdesarrollo descansaría en cuatro criterios:

- una pobreza generalizada;
- fuertes desigualdades económicas y sociales en relación con los países desarrollados, así como en el interior del propio país;
- una exclusión del país del comercio internacional;
- una inseguridad en todos los ámbitos (sanitario, político, medioambiental, etc.).

Para mejorar la situación de los PED, la autora preconiza que estos se especialicen en un ámbito en el que puedan sacar una ventaja comparativa a nivel internacional. Esta teoría se basa en casos de éxito como los de Australia o Nueva Zelanda.

El factor sociocultural, ¿una causa del subdesarrollo?

Arthur Lewis (economista estadounidense, 1915-1991) afirma que una «parte de la producción y de los intercambios, en el caso de los PED, está regida no por el deseo de maximización de los ingresos sino por otras consideraciones no económicas»[1] (Deubel 2008, 479). Estas últimas pueden ser un freno al desarrollo y, por tanto, la economía del desarrollo debe tenerlas en cuenta.

Por ejemplo, ciertas prácticas religiosas o tradicionales reducen el papel de la mujer al de madre. A la vista de este tipo de ejemplos, algunos (entre ellos el sociólogo francés Marcel Mauss, 1872-1950) explican que el subdesarrollo es la consecuencia de enraizarse demasiado en las tradiciones. Este es el motivo por el que algunos países aún no estarían listos para adentrarse en una economía de producción y de consumo.

Sin embargo, hay que evitar caer en el determinismo cultural. Suponer que el subdesarrollo solamente se puede explicar a través de factores socioculturales sería como decir que algunas áreas culturales nunca conocerán un período de desarrollo debido a sus valores o principios contrarios a la noción de progreso. Este es, no obstante, un hecho que ya se ha refutado, puesto que algunos países africanos o árabe-musulmanes han experimentado un desarrollo similar al de algunas grandes potencias occidentales. Por tanto, el factor sociocultural debe matizarse caso por caso.

ENTONCES, ¿QUÉ ES EL «SUBDESARROLLO»?

Respecto a la teoría de las necesidades esenciales o

---

1. Cita traducida por 50Minutos.es

pirámide de las necesidades, esta expresión, que hace hincapié sobre la noción de carencia, define los países en los que las necesidades fundamentales del hombre no se ven cubiertas (alimentación, seguridad, educación, sanidad, etc.).

La pirámide de las necesidades de Maslow

REALIDADES QUE NOS HACEN REFLEXIONAR: EL SUBDESARROLLO Y LA POBREZA EXTREMA

La toma de conciencia de estas realidades se encuentra en la base de la creación del Programa de las Naciones Unidas para el Desarrollo: el PNUD. Mientras que el Banco Mundial (BM) mide la pobreza y el subdesarrollo según un criterio puramente económico —el PNB o Producto Nacional Bruto por habitante, es decir, la renta media por habitante—, el PNUD emplea desde 1990 el índice de desarrollo humano (IDH) para completar un análisis de la pobreza considerado aproximativo.

Índice de desarrollo humano (IDH)

El IDH traduce la extensión de las posibilidades humanas por país y descansa en tres dimensiones:

- la posibilidad de vivir durante mucho tiempo y con buena salud, medida a través de la esperanza de vida media de un bebé cuando nace;
- la posibilidad de instruirse, medida a través de la tasa de alfabetización de los adultos y de la escolarización;
- el acceso a los recursos que permiten vivir dignamente, medido a través del PNB por habitante.

Cada una de estas dimensiones es evaluada por un indicador en una escala de 0 a 1 (siendo 1 la más desarrollada y 0 la menos desarrollada). A continuación, los resultados obtenidos permiten clasificar los países según su grado de desarrollo. Cada año se establece una nueva clasificación mundial.

Influir en este índice positivamente implica tener en cuenta dos factores Importantes: la vulnerabilidad y la resiliencia.

Vulnerabilidad y resiliencia

El PNUD define el grado de vulnerabilidad de los individuos en función de los impactos a los que pueden, en su mayoría, verse expuestos: catástrofes naturales, conflictos armados o crisis financieras, pero también cambio climático, social, económico o político. Sin embargo, cabe señalar que algunas personas son más vulnerables que otras (por ejemplo, las que viven en una pobreza extrema). A pesar de los avances del IDH, el 15 % de la población mundial sigue siendo vulnerable a la pobreza multidimensional. Entre este 15 %, tres cuartos viven en zona rural, donde el riesgo de pobreza es más elevado (baja productividad, trabajos de temporada, bajos salarios y fuerte exposición a los cambios climáticos).

Desde la publicación del primer informe del PNUD sobre el IDH en 1990 se han registrado progresos significativos. Sin embargo, constatamos que el desarrollo humano es una noción compleja y que depende de múltiples factores distintos de los que tiene en cuenta el IDH (entorno político, acceso a la sanidad, etc.). Por tanto, no solo es necesario disminuir la vulnerabilidad de los más pobres reforzando las posibilidades humanas; también hay que crear un entorno y unas condiciones propicias para poder garantizar un desarrollo humano perenne. La vulnerabilidad que amenaza el desarrollo humano, los cambios radicales sociales y políticos (pleno empleo, protección social, derecho a la educación, etc.) resultan a menudo condiciones *sine qua non* para un desarrollo sostenible y justo.

El PNUD también se preocupa por el grado de libertad de las poblaciones, un verdadero garante del desarrollo humano. Esta libertad está condicionada por la supresión de las diferentes barreras que obstaculizan el disfrute de la libertad de acción. Al igual que el factor de vulnerabilidad, la resiliencia (resistencia a la adversidad) precisa de un compromiso mundial si queremos garantizar el desarrollo humano a largo plazo.

Los Objetivos de Desarrollo del Milenio (ODM)

En 2000, el PNUD estableció con los países miembros de la Naciones Unidas los Objetivos de Desarrollo del Milenio (ODM) para que, en 2015, las poblaciones más amenazadas por enfermedades o pobreza experimentaran una mejora concreta de sus condiciones de vida. Se establecieron ocho objetivos que ya aparecían explícitamente en el primer Informe sobre Desarrollo Humano (HDR, por sus siglas en inglés):

- reducir la pobreza extrema y el hambre;
- lograr la educación primaria universal;
- promover la igualdad de género y la autonomía de la mujer;
- reducir la mortalidad infantil;
- mejorar la salud de las madres jóvenes;
- combatir el sida, el paludismo y las demás enfermedades;
- garantizar la sostenibilidad del medioambiente;
- implementar una asociación mundial para el desarrollo.

(Fuente: PNUD)

PAPEL Y MISIÓN

El PNUD, creado en 1965, es una red mundial de desarrollo que forma parte de la Organización de las Naciones Unidas.

- Está activo en 177 países y territorios. En un trabajo conjunto con los gobiernos locales, el PNUD busca identificar los desafíos regionales, nacionales y mundiales en términos de desarrollo para aportar soluciones a través de la elaboración de políticas, el desarrollo de competencias de liderazgo, el establecimiento de alianzas (económicas, políticas, comerciales, etc.), el refuerzo de las capacidades institucionales y el intercambio de soluciones en los ámbitos del desarrollo sostenible, de la gobernanza democrática y del clima.
- Sus acciones promueven la protección de los derechos humanos y la participación activa (autonomía) de las mujeres.
- La sede del PNUD está en Nueva York. Agencias de enlace y oficinas regionales llevan a cabo su estrategia garantizando el seguimiento, la coordinación y la integración estratégica de las acciones llevadas a cabo en los países en cuestión.
- Desde el punto de vista de los recursos, tanto financieros como humanos, el PNUD cuenta con en torno a 8000 agentes y gestiona un presupuesto anual que oscila entre los 4,5 y los 5 mil millones de dólares estadounidenses.

UNA MUJER A LA CABEZA DEL PNUD

Helen Clark (política neozelandesa, nacida en 1950), primera mujer a la cabeza del PNUD, entra en funciones como administradora general en abril de 2009 para un mandato de cuatro años. Ha sido primera ministra de Nueva Zelanda en varias ocasiones y posee una larga experiencia en la elaboración de políticas y la puesta en marcha de acciones de movilización en múltiples dominios.

MISIÓN

La principal misión del PNUD consiste en ayudar a los países, por una parte, a erradicar la pobreza y, por otra, a reducir las desigualdades y la exclusión.

La pobreza se ha reducido a la mitad en el lapso de una generación, y el PNUD considera que es posible lograr resultados similares en otros ámbitos de acción. Este es el motivo por el que se han fijado nuevos objetivos para 2017. Lo que se pretende es, sobre todo, aumentar y reforzar de forma significativa:

- el desarrollo sostenible e inclusivo, es decir, global y perseguido por todas las partes involucradas;
- la gobernanza democrática para responder a las necesidades de los ciudadanos en términos de derechos, de libertad de expresión y de desarrollo;
- las instituciones, que permiten el acceso de todos a los servicios de base;
- los recursos y las políticas necesarias para la recuperación rápida en caso de conflicto o de catástrofe natural en los países de riesgo;
- la autonomía de la mujer a través de la reducción de la desigualdad de género.

Mediante estos debates y acciones se hace hincapié en la lucha contra la pobreza, la desigualdad y la exclusión: los principios fundadores del PNUD.

Refuerzo de las competencias y de las alianzas Sur-Sur

Otro aspecto interesante del plan global estratégico del PNUD es el refuerzo de las competencias y de la cooperación Sur-Sur. Aunque pensamos muy a menudo en la cooperación como una ayuda que va del Norte al Sur, es importante recordar el objetivo final de la cooperación: la reducción de la pobreza y el aumento de la autonomía de los países en desarrollo. Por consiguiente, aunque la cooperación Norte-Sur es necesaria para alcanzar este objetivo, en ningún caso hay que descuidar la creación (o el refuerzo) de alianzas entre los países del Sur. En efecto, ¿no debería servir la experiencia positiva en términos de desarrollo de algunos de estos países del Sur para ayudar a otros que a día de hoy han progresado menos? Las competencias, las buenas prácticas y la experiencia adquirida por algunos deben poder transmitirse directamente sin la intervención del PNUD ni de otro organismo de desarrollo.

Reforzar el Sur forma parte de las prioridades del PNUD, pero también constituye un reto mundial para todos los organismos de desarrollo que quieren ayudar a los países en desarrollo.

PAPEL

El trabajo del PNUD se inscribe en la estrategia global de las Naciones Unidas y se concentra en los siguientes campos de acción:

Papel del PNUD

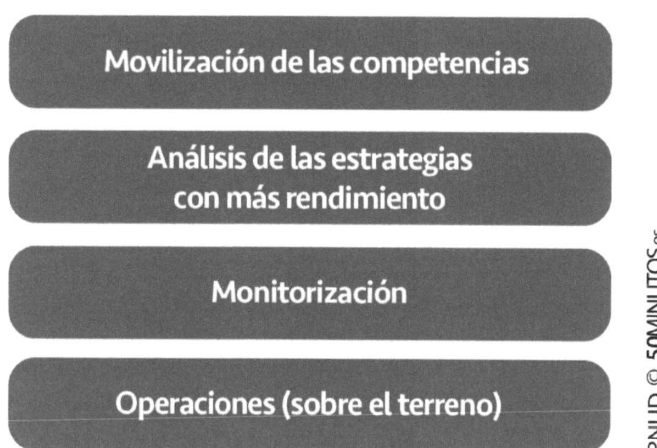

- **movilización de las competencias** de amplios sectores la sociedad con el objetivo de sensibilizar a la población sobre los ODM;
- **análisis de las estrategias con más rendimiento** (elección de herramientas y de políticas institucionales con buen rendimiento e innovadoras) para alcanzar los ODM de la manera más eficaz y sostenible posible;
- **monitorización** (a través de herramientas de planificación, de evaluación y seguimiento, pero también gracias a una gestión orientada a los resultados) para ayudar a los países a reforzar sus capacidades de gestión y de autoevaluación en relación con su progreso;
- **operaciones (sobre el terreno)** ayudando a los gobiernos locales a trabajar según una visión enfocada a los resultados.

Los Objetivos de Desarrollo del Milenio

En cuanto a los ocho Objetivos de Desarrollo del Milenio que el PNUD se fijó para 2015, el objetivo del organismo es doble: acelerar el progreso y garantizar el seguimiento de los ODM. Con estos objetivos, propone un enfoque sistémico llamado «Marco de Aceleración de los ODM» (MAF por sus siglas en inglés), que se apoya en el análisis de los límites y de las amenazas al desarrollo de un país o un territorio, así como en la elaboración de un plan de acción adaptado a la situación concreta a la que se enfrenta cada país.

Durante una cumbre en el año 2000 se le propuso a los dirigentes mundiales un marco de políticas de intervención cuya eficacia ya había sido demostrada. Implementadas correctamente, estas políticas dejarían entrever un progreso real en los ámbitos contemplados por las acciones.

Esta nueva estrategia era un proyecto piloto, y varios países analizaron los obstáculos y las amenazas que los PED encuentran a la hora de aportar soluciones propias a cada contexto específico trabajando conjuntamente con una serie de actores locales e internacionales.

Aconsejamos encarecidamente consultar las lecturas complementarias propuestas en la sección «Para ir más allá» para comprender mejor la estrategia en cuestión y la experiencia de los países a los que se dirigía este proyecto piloto, al igual que los pormenores y los resultados globales de los ODM.

Transparencia, eficacia y responsabilización: tres aspectos centrales de la política del PNUD

Ya hemos definido el papel y los objetivos del PNUD, pero es importante recordar que su estrategia global se basa en la transparencia, un aspecto primordial para garantizar una cierta credibilidad a un organismo. Sus oficinas, establecidas por todo el mundo, se comprometen cada año a recopilar y proporcionar una cierta cantidad de datos relativos a sus resultados, actividades, objetivos perseguidos, ingresos y gastos. Estos datos se publican anualmente, lo que garantiza una transparencia frente a los donantes, los beneficiarios, los gobiernos y la sociedad en general.

El PNUD también es miembro de la Iniciativa Internacional para la Transparencia de la Ayuda (IATI, por sus siglas en inglés), que integran más de cien organismos de múltiples sectores (bancario, donantes bilaterales u ONG).

A esta noción de transparencia se le añaden las de eficacia y responsabilización, esenciales para desarrollar una relación de confianza con los socios. En esta perspectiva, el PNUD ofrece toda la información de la que dispone y se ve sometido regularmente a evaluaciones. En 2011, por ejemplo, el PNUD es evaluado por el Departamento para el Desarrollo Internacional del Reino Unido y recibe una nota satisfactoria. Y, lo que es más, en el *Rapport mundial sur la responsabilité* (es decir, «Informe mundial sobre la responsabilidad») obtiene la mejor nota de entre los treinta actores internacionales evaluados. El objetivo común de todas estas evaluaciones es, por supuesto, sacar conclusiones de lo que se ha realizado hasta el momento para ofrecer una ayuda cada vez más coherente con las necesidades de las personas más desfavorecidas.

REPERCUSIONES

El PNUD, actor imprescindible en materia de desarrollo, lucha con determinación en todo el mundo contra la pobreza, el hambre y todos los obstáculos al desarrollo, lo que no es un asunto sencillo. Aunque los retos son grandes y los desafíos cotidianos, los resultados no siempre están a la altura de los recursos financieros y humanos movilizados.

La mejor manera de percibir el impacto del PNUD a escala mundial es ser consciente de los avances de los ODM consultando los informes sobre el desarrollo humano que la organización publica anualmente. Este capítulo propone, por su parte, una visión global —sucinta y no exhaustiva— de los progresos realizados por el PNUD desde su creación.

¿EN QUÉ PUNTO NOS ENCONTRAMOS AHORA?

Según el informe de 2014 sobre los Objetivos de Desarrollo del Milenio, este plan global ha cambiado la vida de las poblaciones concernidas y se han observado progresos significativos.

Informe 2014 sobre los ODM

	2014	Comentarios
ODM 1	Disminución a la mitad	Objetivo cumplido
ODM 2	90 % de los niños tienen acceso a la educación primaria	58 millones de niños carecen de ella
ODM 3	Mejora y reducción de las desigualdades hombre-mujer	Se necesitan esfuerzos suplementarios
ODM 4	Disminución a la mitad	Objetivo cumplido
ODM 5	Disminución de un 45 % de la mortalidad de madres jóvenes	Objetivo casi cumplido
ODM 6	Mejorando	Hay que llevar a cabo campañas de sensibilización dirigidas a un público más concreto
ODM 7	Crecimiento de las emisiones de gases de efecto invernadero de un 50 %	¡Urgencia!
ODM 8	Aumento de la ayuda pública al desarrollo de un 6,1 %	Récord, pero siguen siendo necesarios más esfuerzos

Progresos registrados entre 1990 y 2014

- **Reducir la pobreza extrema y del hambre.** El objetivo fijado en el 2000 —es decir, disminuir a la mitad el número de casos antes de 2015— se ha logrado. Si en 1990 casi la mitad de la población de los países en desarrollo vivía por debajo del umbral de la pobreza, en 2010 esta cifra ha disminuido en un 22 %, salvando así de la pobreza extrema a unos 700 millones de personas.

La pobreza extrema

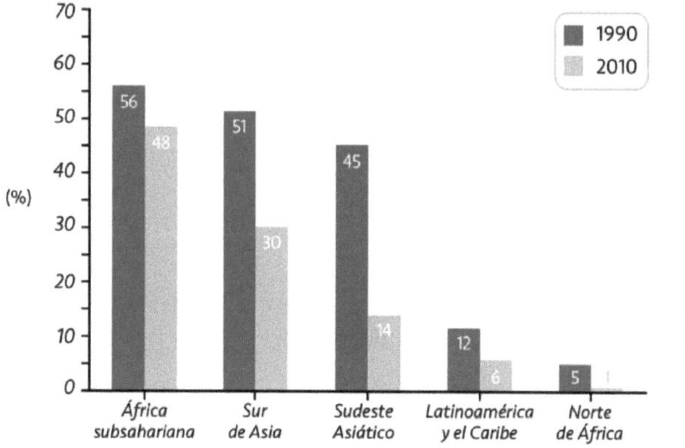

- **Lograr la educación primaria universal.** En las regiones del Sur, el 90 % de los niños tiene en 2014 acceso a la educación primaria. La tasa de escolarización aumentó principalmente entre 2000 y 2012, pasando del 83 al 90 % en las regiones en desarrollo, y la mayor parte de los esfuerzos se realizaron antes de 2007. Desde 2012, los resultados se han estancado. Como consecuencia, cerca de 58 millones de niños siguen sin tener acceso a la educación primaria, y la mitad de ellos vive en zonas de conflicto.

Tasa de escolarización

Tasa de escolarización en la enseñanza primaria en 2000 y 2011

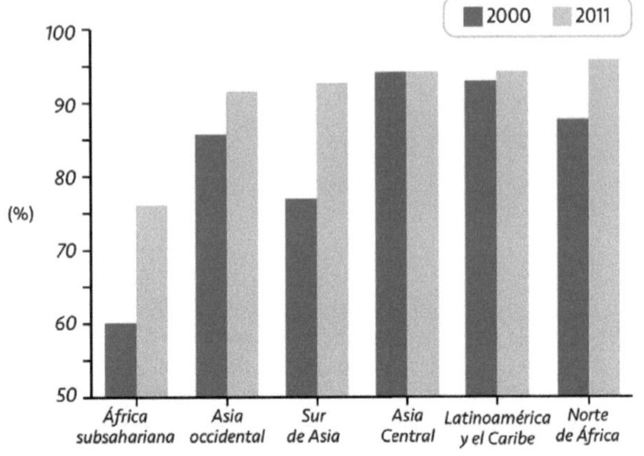

- **Promover la igualdad de género y la autonomía de la mujer**. Con la ayuda de la política de cuotas, las mujeres acceden cada vez más a puestos hasta entonces solo ocupados por hombres, tendencia que se observa sobre todo en el ámbito de la política. De esta manera, constatamos que en 46 países las mujeres ocupan el 30 % de los escaños en los parlamentos nacionales en, al menos, una cámara. Veamos otro ejemplo: en Asia, en los años noventa, 74 chicas frente a 100 chicos estaban inscritas en la escuela; en 2012, la tasa de escolarización era la misma para ambos géneros. A pesar de estos alentadores resultados, aún deben realizarse esfuerzos en ciertas regiones del mundo, como en el norte de África, donde las mujeres ocupaban menos de uno de cada cinco empleos remunerados en el sector no agrícola en 2014.

- **Reducir la mortalidad infantil**. La tasa de mortalidad de los niños menores de cinco años cayó en cerca de un 50 % entre 1990 y 2012 gracias al desarrollo de nuevos medicamentos contra ciertas enfermedades y a la ampliación de los cuidados sanitarios. Por tanto, el objetivo que los Estados miembro se fijaron en el 2000 casi se ha alcanzado.

- **Mejorar la salud materna**. Aunque la tasa de mortalidad materna disminuyó en un 45 % entre 2000 y 2013, más de 300 000 mujeres en el mundo perdieron la vida durante el parto en 2013. En términos generales, esta dura realidad se debe a factores evitables. Persiste una alta tasa de natalidad entre las adolescentes, y el problema radica en la pobreza y en la falta de educación. Para remediar esta situación, parece vital que se produzca una toma de conciencia y la realización de esfuerzos generalizados.

- **Luchar contra el sida, el paludismo y otras enfermedades.** El acceso al tratamiento antirretroviral para las personas afectadas por el sida mejoró significativamente: 9,5 millones de individuos se pudieron beneficiar en 2012. En concreto, este tratamiento ha permitido salvar unos 6,6 millones de vidas desde 1995. Con todo, se debe realizar una campaña de sensibilización más específica dirigida a los jóvenes para parar de verdad la propagación del virus.

- **Garantizar la sostenibilidad del medioambiente.** Observamos un aumento de las emisiones de gases de efecto invernadero (50 % entre 1990 y 2011) y de los millones de hectáreas de bosque desaparecidas. En este sentido hay que redoblar los esfuerzos, ya que la preservación del medioambiente es una prioridad en el programa.

- **Fomentar una asociación mundial para el desarrollo.** La ayuda pública al desarrollo ha aumentado en un 6,1 % en relación con el 2012, alcanzando así su punto más alto y disminuyendo el retraso acumulado en 2012 y 2013. Esta ayuda procede del Comité de Ayuda al Desarrollo (CAD), un comité de la Organización para la Cooperación y Desarrollo Económicos (OCDE). Entre los 28 miembros del CAD, 17 registraron un aumento de su contribución con, como mayores donantes, Estados Unidos, Alemania, el Reino Unido, Japón y Francia.

El PNUD extrae una importante conclusión de la actividad llevada a cabo estos últimos años: los ODM pueden cumplirse incluso en los países más pobres. Aunque los conocimientos y las herramientas necesarias para lograr el progreso estén disponibles, un mayor compromiso concretizará con éxito las políticas y las intervenciones de este programa para el desarrollo.

Datos y estadísticas sólidas: una necesidad para medir el desarrollo

Para aplicar una política de desarrollo que esté en consonancia con la situación de cada país es crucial disponer de datos sólidos y fiables para adaptar las herramientas y las medidas puestas en marcha.

El programa de los ODM ha favorecido en gran medida la consolidación de los sistemas estadísticos para que se ofrezcan datos de calidad que permitan medir el progreso sobre una base científica. El apoyo de la comunidad internacional se sitúa principalmente a nivel de la mejora metodológica, de la creación de directivas y de la ayuda para definir las prioridades con el objetivo de respaldar a los diferentes actores en la recolección, el análisis y la transmisión de los datos relativos a los progresos de los ODM. Un marco de seguimiento de los ODM ha permitido mejorar el acceso a los datos bajo control internacional, favorecer la medida del desarrollo y garantizar la transparencia.

En resumen, los esfuerzos desplegados y/o que hay que desplegar son múltiples, y medir el desarrollo es posible. Sin embargo, aún hay que colmar algunas carencias:

* algunos datos básicos son inexistentes en muchos países y, por lo tanto, no pueden tenerse en cuenta (por ejemplo, el número de nacimientos y de fallecimientos);
* la disponibilidad, la frecuencia y la calidad de los datos varía de un país a otro, aunque en general estos aspectos son relativamente bajos. Los obstáculos pueden ser de muchos tipos (institucionales, financieros o políticos), e impiden que se puedan recabar datos de manera efectiva, que su análisis sea profundo y que su intercambio resulte eficaz.

LOS DESAFÍOS DEL FUTURO

* **Intercambio de buenas prácticas y ajuste de la estrategia de desarrollo**. Mientras que, antes, ser una organización flexible y abierta significaba ser transparente y responsable, hoy en día estos términos se refieren más bien a la facilidad y a la rapidez con la que las competencias circulan en la organización. Estas deben evolucionar

en paralelo a la evolución de los nuevos desafíos del desarrollo: las competencias deben ser más móviles, la estructura más dinámica y flexible, y la colaboración entre los socios existentes (pero también entre todas las partes que participan en el proceso de desarrollo) más estrecha. También hay que ajustar constantemente la estrategia y ser capaz de reposicionarse con rapidez en caso de crisis. En un sentido más amplio, el PNUD está obligado a adaptarse al contexto y a las prioridades de cada país.

- **Mejora de la gestión de los recursos humanos y financieros.** El segundo gran reto es el de las relaciones causa-efecto que hay que establecer entre los recursos movilizados y los resultados logrados. Esta necesidad implica una mejor gestión del personal, un mejor uso de las tecnologías de la comunicación y de la información, una transparencia y una coherencia presupuestaria;
- **Globalización.** Para garantizar una globalización que sea respetuosa con el hombre y con su desarrollo, deben tomarse decisiones transversales. Efectivamente, las políticas nacionales se aplican mejor si existe un compromiso mundial y una ayuda humanitaria disponible.
- **Consideración de la dimensión medioambiental de sus acciones.**

Las ventajas del PNUD

El PNUD es una organización comprometida y eficaz que ha acumulado experiencia a lo largo de las décadas y ha adquirido una posición interesante. En efecto, el rigor con el que ha recabado y analizado los datos de momentos muy concretos del desarrollo de los diferentes países refuerza hoy en día la credibilidad y la pertinencia de sus propuestas de políticas y de estrategias de desarrollo.

• Influye en las políticas y refuerza las capacidades (competencias) para permitir la autonomía de los países en desarrollo.
• Su red de países desarrollados le permite desempeñar un papel de coordinación fundamental en el seno de las Naciones Unidas.

¿Y MAÑANA?

¿Cómo entender los desafíos del futuro sin analizar el índice de desarrollo humano en todo el mundo? Mediante un análisis comprobamos enseguida que los países no se encuentran en un mismo nivel de desarrollo y que la pobreza sigue siendo mucho más marcada en ciertas regiones (África occidental, oriental y central). Por tanto, es importante plantearse las preguntas adecuadas y aportar soluciones: ¿es el IDH un indicador adecuado? ¿Qué retos plantea África? ¿Qué responsabilidades hay que tomar? ¿Qué políticas globales de desarrollo hay que llevar a cabo? ¿Por qué, después de décadas de cooperación y de miles de millones de dólares inyectados, África sigue estando tan debilitada? ¿Cooperamos correctamente? ¿Qué pasa con esas poblaciones?, etc. La lista es larga, los desafíos múltiples y las causas, complejas. Los ODM han dado algún fruto, pero los resultados siguen siendo frágiles.

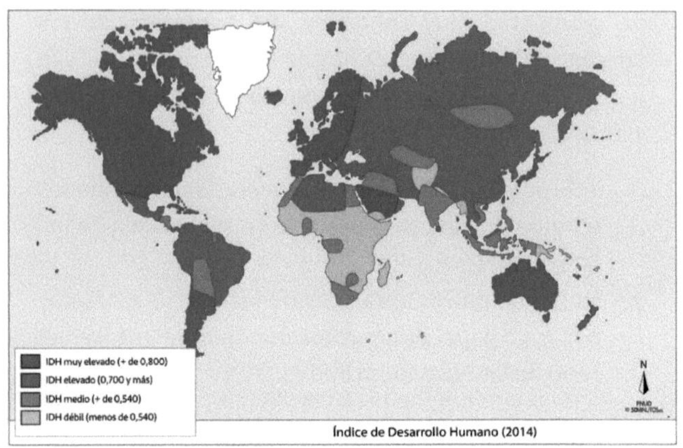

(Fuente: PNUD)[2]

---

2. Traducido por 50Minutos.es

EN RESUMEN

- El Programa de las Naciones Unidas para el Desarrollo, más conocido por sus siglas PNUD:
- es una red mundial que depende de la ONU y que promueve el desarrollo. Creado en 1965, se encuentra presente actualmente en 177 países;
- tiene por misión principal erradicar la pobreza y reducir significativamente las desigualdades y la exclusión;
- cuenta con 8000 trabajadores y dispone de un presupuesto anual de 4 a 5 mil millones de dólares estadounidenses;
- establece en 1990 el índice de desarrollo humano (IDH) para medir el grado de desarrollo que experimentan los países;
- determina en el año 2000 y junto con los líderes mundiales los ocho Objetivos de Desarrollo del Milenio (ODM);
- sitúa en el corazón de su estrategia los conceptos de alianza (Norte-Sur y Sur-Sur), de solidaridad, de transparencia y de responsabilización;
- registra grandes avances, apoyado en varios años de experiencia. Los desafíos a partir de 2015 siguen siendo grandes —flexibilidad del organismo, refuerzo de las alianzas, mejora de la gestión de los recursos humanos y financieros, etc.— para que su misión sea completa.

PARA IR MÁS ALLÁ

FUENTES BIBLIOGRÁFICAS

- Benicourt, Emmanuelle. 2001. "La pauvreté selon le PNUD et la Banque mondiale". *Études rurales*, n.ᵒˢ 159-160, 35-54. Consultado el 20 de enero de 2017. http://etudesrurales.revues.org/68
- CNRS, "Biographie de Sylvie Brunel". Consultado el 20 de enero de 2017. http://www.cnrs.fr/lesgrandsdebats/spip90b6.html?article11
- Banco Mundial. 2012. "Nuevas estimaciones revelan reducción de la pobreza extrema 2005-2010". *Banco Mundial*. 29 de febrero. Consultado el 20 de enero de 2017. http://www.bancomundial.org/es/news/feature/2012/02/29/new-estimates-reveal-drop-in-extreme-poverty-2005-2010
- Brundtland, Gro Harlem. "Développement durable". *INSEE*. Consultado el 20 de enero de 2017. https://www.insee.fr/fr/metadonnees/definition/c1644
- Larousse, "David Ricardo". Consultado el 20 de enero de 2017. http://www.larousse.fr/encyclopedie/personnage/David_Ricardo/140892
- Deubel, Philippe. 2008. "Les stratégies de développement". *Analyse économique et historique des sociétés contemporaines*, cap. 12, 463-513. Montreuil: Pearson Éducation. Consultado el 20 de enero de 2017. http://www.pearson.fr/resources/titles/27440100430210/extras/7274_chap12_Analyse-Eco.pdf
- Gublin, Gabriela. 2014. "Définitions et approches de la pauvreté". *BSI Economics*. 23 de septiembre.

Consultado el 20 de enero de 2017. http://www.
bsi-economics.org/index.php/macroeconomie/
item/416-definitions-approches-pauvrete
- Khalid, Malik. 2014. "Informe sobre Desarrollo Humano
2014". *PNUD*. Consultado el 20 de enero de 2017. http://
hdr.undp.org/sites/default/files/hdr14-report-es.pdf
- Mora, A. y C. Martinez. 2013. "Les critères de sous-dé-
veloppement". *Blog économique de IUT Bordeaux.*
3 de diciembre. Consultado el 20 de enero de 2017.
https://iutpubeco.wordpress.com/2009/12/03/
les-criteres-du-sous-developpement-c-moraa-martinez/
- Naciones Unidas. 2014. *Objetivos de Desarrollo del
Milenio. Informe 2014.* Nueva York: Naciones Unidas.
Consultado el 20 de enero de 2017. http://www.un.org/
es/millenniumgoals/pdf/mdg-report-2014-spanish.pdf
- Naciones Unidas. 2015. *Objetivos de Desarrollo del
Milenio. Informe de 2015.* Nueva York: Naciones Unidas.
Consultado el 20 de enero de 2017. http://www.un.org/
es/millenniumgoals/pdf/2015/mdg-report-2015_spanish.
pdf
- Larousse, "Sir William Arthur Lewis". Consultado el 20
de enero de 2017. http://www.larousse.fr/encyclopedie/
personnage/Lewis/129745
- Larousse, "Walt Whitman Rostow". Consultado el 20
de enero de 2017. http://www.larousse.fr/encyclopedie/
personnage/Rostow/141569
- PNUD. 2013. "Plan estratégico del PNUD 2014-2017".
PNUD. 26 de septiembre. Consultado el 20 de enero de
2017. http://www.undp.org/content/undp/es/home/
librarypage/corporate/Changing_with_the_World_
UNDP_Strategic_Plan_2014_17/

- PNUD. 2015. *El PNUD para principiantes*. 5.ª ed. Consultado el 20 de enero de 2017. http://www.undp. org/content/dam/jposc/docs/Recruitment-documents/ UNDP-JPOSC-UNDP_for_Beginners_Sp.pdf
- PNUD, Programa de las Naciones Unidas para el Desarrollo. Consultado el 20 de enero de 2017. http:// www.undp.org/content/undp/es/home/

FUENTES COMPLEMENTARIAS

- Browne, Stephen. 2011. *The United Nation Development Programme System*. Londres: Routledge.
- Murphy, Craig. 2006. *The United Nations Development Programme: a Better Way?* Cambridge: Cambridge University Press.
- Naciones Unidas, "Impulsando los ODM". Consultado el 3 de febrero de 2017. http://www.un.org/es/millennium-goals/mdgmomentum.shtml

en50MINUTOS.es
Historia
Economía y empresa
Coaching
EL DIAGRAMA DE ISHIKAWA
Material Método Máquina
Madre Naturaleza Medida Hombres
LA GUERRA DE PALESTINA DE 1948
DOMINA EL ARTE DEL NETWORKING